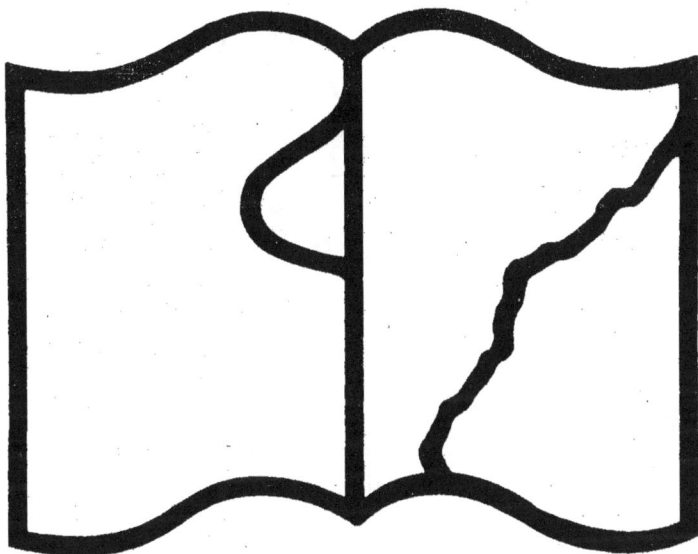

Texte détérioré — reliure défectueuse

NF Z 43-120-11

SUCCESSION

DE

MME V^{VE} MORISOT.

LIQUIDATION.

OBSERVATIONS

dans l'intérêt de BARRÉ, Créancier hypothécaire
d'un des Héritiers.

COUR D'APPEL DE PARIS. — TROISIÈME CHAMBRE.

Avocat : Me FERDEUIL.

Avoué : Me TOURSEILLER.

BEAUVAIS,

TYPOGRAPHIE D. PÈRE, IMPRIMEUR RUE SAINT-JEAN.

—

1881.

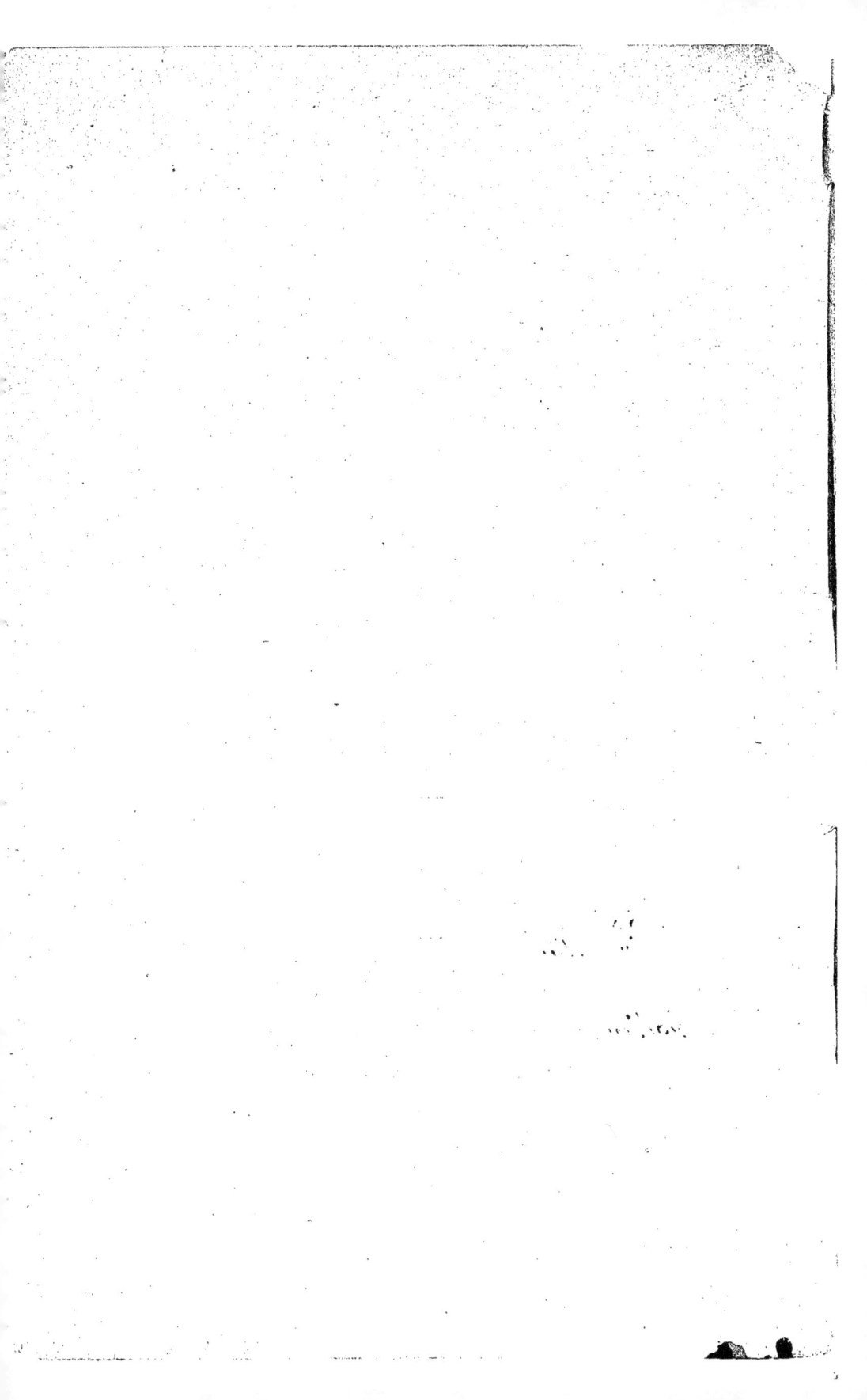

SUCCESSION

DE

Mme Vve MORISOT.

LIQUIDATION.

OBSERVATIONS

dans l'intérêt de BARRÉ, Créancier hypothécaire
d'un des Héritiers.

COUR D'APPEL DE PARIS. — TROISIÈME CHAMBRE.

Avocat : Me FERDEUIL.
Avoué : Me TOURSEILLER.

BEAUVAIS,

TYPOGRAPHIE D. PÈRE, IMPRIMEUR RUE SAINT-JEAN.

1881.

Les Epoux

MORISOT (Bon-Nicolas),
décédé 24 septembre 1847.

DUPUIS (Cécile-Charlotte),
décédée 27 août 1877.

De 🞓 cujus

De 🞓 cujus

MORISOT (Nicolas-Jean),
décédé le 10 août 1878,
époux 🞓 de
dame FLEURY (Adélaïde Josóphine.)

MORISOT (Charles-Théophile), marié à
Mme DECQ ◎ (Eléonore).
Usufruit de la quotité
disponible.

MORISOT (Ch.-Aug.),
rue ◎ de
Turenne, 76.

MORISOT (Cécile-Charlotte), ◎ épouse
GAGNEAU, (Georges-François-Edouard), rue Lafayette, 115.

MORISOT (Paul-Nicolas).
Quotité ◎ disponible
du lot de son père,
nue-propriété.

Créanciers ◇ opposants :

Hypothécaire : BARRÉ, 28 août 1877.
Chirographaire : Mme veuve DECQ, 18 décembre 1878.

CHAPITRE PREMIER.

EXPOSÉ DES FAITS.

I. — Ouverture de crédit par Barré à M. Morisot.

Aux termes d'un acte reçu par Mᵉ Bertheau, notaire à Magny-en-Vexin (Seine-et-Oise), le 30 avril 1869, M. Eugène-Ernest Barré, propriétaire à Magny a ouvert à MM. Charles-Théophile Morisot, commissionnaires en grains et farines, et Pierre Lachapelle, de même profession, tous deux associés en nom collectif, demeurant et ayant leur siège social à Paris, rue du Pont-Neuf, 29, un crédit de la somme de 50,000 francs, à fournir aux crédités au fur et à mesure de leurs besoins, pour leur société.

La durée du crédit a été fixée au 34 décembre 1874 et il a été convenu que les intérêts des sommes versées par M. Barré courraient sur le taux de 6 0/0 l'an à partir des versements jusqu'au jour du remboursement.

M. Morisot a stipulé audit acte tant pour lui que pour son associé M. P. Lachapelle et encore au nom et comme mandataire par acte authentique de Mᵐᵉ Eléonore Decq, son épouse, qu'il a obligée solidairement avec lui et avec la société Morisot et Lachapelle au remboursement des sommes qui seraient ainsi versées par M. Barré sur le crédit, ainsi qu'au paiement de tous intérêts et frais accessoires.

M. Morisot a déclaré audit acte qu'il était marié avec la dame son épouse sous le régime de la communauté de biens aux termes de leur contrat de mariage passé devant Mᵉ Chatelain, notaire à Paris, le 29 juin 1850.

II. — Garanties. Hypothèque sur biens présents et à venir. Interdiction de procéder à partage. Délégation de droits successifs.

A la garantie du crédit M. Morisot a hypothéqué toute la part qui pouvait ou pourrait lui appartenir, même le tout, si lui ou son épouse en devenait acquéreur, comme héritier pour moitié de M. Bon-Nicolas Morisot, son père, décédé à Magny le 21 septembre 1847, dans les immeubles ci-après, dépendant de la communauté de biens qui avait existé entre feu M. Morisot et dame Cécile-Charlotte Dupuis, sa veuve survivante, et encore indivis entre ladite dame, comme commune en biens et comme donataire en usufruit de son défunt mari, et ses deux fils, MM. Nicolas-Jean Morisot, fabricant de bronzes, demeurant à Paris, rue de Turenne, 76, et Charles-Théophile Morisot ;

Lesdits biens consistant en :

Une maison sise à Magny-en-Vexin, rue de Crosne, avec jardin, circonstances et dépendances sans exception ;

63 ares 03 cent. de jardin, terre et bois à Magny-en-Vexin, lieudit la Justice, près les Marais-Chauds, section A, n° 124.

Et 10 ares 50 cent. de terrain à Magny, lieudit Saint-Antoine ou la rue de Crosne, en face la maison ci-dessus.

L'inscription de cette hypothèque a été prise au bureau des hypothèques de Mantes, le 25 mai 1869, vol. 392, n° 990.

Et attendu l'insuffisance par lui reconnue de ses biens présents, M. Morisot a hypothéqué tous les biens à venir qui pourraient lui advenir et à la dame son épouse à quelque titre que ce fût, au fur et à mesure des acquisitions.

En outre il a délégué et transporté à Barré somme égale à sa créance à prendre dans les droits, reprises et avantages matrimoniaux de Mᵐᵉ Morisot, née Decq, son épouse, et a subrogé ledit sieur Barré dans l'effet de l'hypothèque légale de ladite dame contre son mari.

Barré usant de cette subrogation fit inscrire d'abord cette hypothèque légale à son profit au bureau des hypothèques de la Seine, le 23 juillet 1877, vol. 1268, n° 42, jusqu'à concurrence de sa créance en principal, intérêts et frais, sur tous biens présents et à venir, situés dans le ressort dudit bureau : Un certificat délivré le même jour par le Conservateur constate que ladite inscription d'hypothèque légale au profit de Barré était la seule existante contre Charles-Théophile Morisot.

Ensuite après le décès de Mme veuve Morisot, Barré usant de son droit d'hypothèque sur les biens à venir de son débiteur, requit inscription sur les immeubles de cette succession et sur ceux dépendant de la communauté Morisot-Dupuis, savoir :

Au bureau de Mantes, le 28 août 1877, vol. 483, n° 1377 ;

Au 1er bureau de Paris, le 20 août 1877, vol. 1270, n° 19.

Au bureau de Beauvais, le 9 octobre 1877, vol. 1195, n° 65.

Et au 3e bureau de Paris, le 11 décembre 1877, vol. 767, n° 16.

Un certificat délivré par le Conservateur de Mantes, le 28 août 1877, constate que l'inscription prise ledit jour au profit de Barré et celle sus-libellée de 1869 sont les seules existantes contre le sieur Charles-Théophile Morisot.

Un certificat délivré le 29 août 1877 par le Conservateur du 1er bureau de la Seine, constate que sur le sieur Morisot il n'existait à cette date que les deux inscriptions requises par Barré.

Aux termes dudit acte d'ouverture de crédit, M. Morisot s'est obligé à ne procéder à aucun partage ni licitation des immeubles hypothéqués, ni liquidation des valeurs mobilières dépendant tant de la communauté d'entre ses père et mère que de la succession de son père hors la présence du sieur Barré, ou lui dûment appelé.

Et il a cédé et transporté au sieur Barré à due concurrence ce qui lui appartiendrait dans les prix de licitation desdits biens immeubles, ou dans toutes soultes qui lui seraient abandonnées en cas de partage, ou encore dans tous abandonnements mobiliers en toute propriété ou en nue-propriété qui lui seraient faits en cas de liquidation desdites communauté et succession.

Ce transport et l'opposition à partage ont été signifiés au sieur Nicolas-Jean Morisot, seul co-héritier de Théophile Morisot par deux exploits de Boulanger, huissier à Paris, le 9 décembre 1875, et le 28 août 1877.

III. — Réalisation du Crédit. Liquidation du compte créditeur.

Le crédit ouvert pour 50,000 fr. a été réalisé par M. Barré au moyen de divers versements dont il a justifié jusqu'à concurrence d'un capital de 47,543 77, ainsi qu'il a été reconnu suivant jugement contradictoire rendu par la 3e chambre du tribunal civil de la Seine, le 17 juillet 1879, lequel a d'ailleurs liquidé et capitalisé conformément à l'article 1154 du Code civil, les intérêts courus au 31 décembre 1878, à la somme de 25,528 fr. 40 c., en sorte qu'audit jour la créance de Barré en principal et intérêts capitalisés s'est trouvée fixée à la somme de 73,072 fr. 17 c. sans préjudice aux frais accessoires encore indéterminés.

IV. — Faillite Morisot-Lachapelle. Concordat.

La Société Morisot et Lachapelle a été déclarée en faillite suivant jugement du tribunal de commerce de la Seine, en date du 10 janvier 1870.

Elle a obtenu son concordat par abandon d'actif suivant délibération du 12 août 1873, homologuée par jugement du tribunal de commerce en date du 17 septembre 1873.

Barré n'a pris aucune part aux opérations de la faillite dans la vue de ne pas compromettre sa qualité de créancier hypothécaire. Du reste, le jugement déjà cité du tribunal de la Seine en date du 17 juillet 1879, a décidé que si Barré avait perdu en vertu du concordat son recours sur les valeurs mobilières qui pourraient appartenir à Morisot son débiteur, il avait à faire valoir tant, contre Morisot que contre sa femme, les droits hypothécaires conférés par son titre sur tous les immeubles qui pouvaient ou pourraient leur appartenir.

Ledit jugement contenant certaines dispositions préjudiciables aux intérêts de Barré, celui-ci en a relevé appel devant la Cour de Paris, à la date du 9 février 1880, par exploit de Cobus, huissier à Paris, et a constitué pour son avoué, M. Tourseiller, avoué près ladite Cour.

V. — Décès de Mme veuve Morisot. Héritiers. Instance en partage. Décès de M. Morisot aîné.

Mme veuve Morisot, née Dupuis, est décédée à Magny-en-Vexin, le 27 août 1877, laissant pour héritiers directs ses deux fils :

1° M. Nicolas-Jean Morisot, propriétaire, demeurant à Paris, rue de Turenne, 76 ;

2° Et M. Charles-Théophile Morisot, demeurant à Paris, quai de la Mégisserie, 14 ;

Ainsi qu'il résulte de l'intitulé de l'inventaire dressé après le décès de ladite dame par Me Chastelais, notaire à Magny, le 3 septembre 1877.

Et pour légataires de la quotité disponible de la part héréditaire de M. Charles-Théophile Morisot, savoir :

En *nue-propriété*, M. Paul-Nicolas Morisot, petit-fils de la défunte, employé à la Banque de France, demeurant à Paris, quai de la Mégisserie, 14 ; .

Et *en usufruit viager*, jusqu'au décès du dernier vivant sans réduction, incessible et insaisissable, M. Charles-Théophile Morisot et Mme Eléonore Decq, son épouse ;

Ainsi qu'il résulte du testament de Mme veuve Morisot-Dupuis, reçu par Mes Rouget et Sorbet, notaires à Paris, en présence de deux témoins le 15 mars 1872, dont l'exécution a été consentie par les héritiers, suivant acte du ministère du Me Chastelais, en date des 14 juillet et 8 août 1878.

Barré exerçant, en vertu de l'article 1166 du Code civil, les droits de son débiteur, et usant d'ailleurs des droits conférés par l'acte d'ouverture de crédit, forma devant le tribunal civil de Mantes, et contre les héritiers et représentants Morisot, suivant exploit de Boulanger, huissier à Paris, en date du 10 novembre 1877, une demande en compte, liquidation et partage tant de la communauté de biens ayant existé entre les époux Morisot-Dupuis que de leurs successions, et insista surtout sur la nécessité de partager les immeubles en nature, si ce partage était possible.

Aux termes d'un jugement rendu le 7 décembre 1877, le tribunal civil de Mantes ordonna qu'avant de statuer sur le partage en nature demandé par Barré les immeubles seraient visités et estimés par trois experts à ce commis.

Au cours de cette instance, M. Nicolas-Jean Morisot décéda le 10 août 1878 laissant pour lui succéder :

1° Mme Adélaïde-Joséphine Fleury, sa veuve survivante, comme donataire d'un quart en propriété et d'un autre quart en usufruit, de tous les biens meubles et immeubles composant sa succession, aux termes de leur contrat de mariage reçu par Me Lehon, notaire, à Paris, le 7 février 1841 ;

2° Et comme héritiers conjointement M. Charles-Auguste Morisot, fabricant de bronzes, demeurant à Paris, rue de Turenne, 76, et Mme Cécile-Charlotte Morisot, épouse de M. Georges-François-Édouard Gagneau, fabricant de lampes et bronzes, demeurant à Paris, rue de Lafayette, 115, ses deux enfants issus de son mariage.

Lesdits héritiers et représentants Morisot aîné ont repris en leurs noms l'instance commencée par M. Morisot, leur mari et père.

A la date du 30 août 1878, le tribunal civil de Mantes rendit un jugement qui, après avoir entériné le rapport des experts commis, et attendu l'impartageabilité des immeubles desdites communauté et successions selon les droits des parties, a ordonné qu'ils seraient vendus sur licitation par le ministère de trois notaires à ce commis, poursuite et diligence du sieur Barré, créancier.

VI. — Licitation des immeubles.

MAGNY, 10 NOVEMBRE 1878.

Les immeubles sis à Magny et par extension sur les terroirs de Parnes, Vaudancourt et Montjavoult (arrondissement de Beauvais, Oise), ont été vendus suivant procès-verbal de Me Chastelais, le 10 novembre 1878, dans lequel nous constatons que le 3e lot de l'enchère comprenant une maison sise à Magny, rue de Crosne, 55 et 57, a été adjugé à Mme veuve Morisot, née Fleury, co-licitante, moyennant un prix qui dans la liquidation a été réuni à celui de la maison de Paris, ci-après indiquée,

PARIS, 17 DÉCEMBRE 1878.

Les maisons et terrains de Paris, ont été vendus le 17 décembre 1878 par le ministère de Me Schelcher, notaire à Paris, à ce commis, savoir :

La maison, rue Erard, n° 7, et impasse Saint-Charles, n° 6, à M. Billiette, marchand de bois, demeurant à Paris dans ladite maison moyennant 33.400 fr.

Et la maison, rue Erard, nos 9 et 11, a été vendue à Mme veuve Morisot-Fleury, moyennant un prix qui réuni à celui du 3e lot des biens de Magny donne 60,398 fr. 05 c.

VITRY, 23 DÉCEMBRE 1878.

Les immeubles de Vitry, ont été vendus à divers suivant procès-verbal d'adjudication dressé par Me Ballue, notaire audit lieu, commis à cette fin, moyennant des prix principaux qui, après déduction des frais de poursuite de vente, s'élèvent à 3.977 fr. 86.

Tous ces prix, actuellement exigibles, produisent des intérêts sur le taux de cinq pour cent à compter du 1er janvier 1879.

FORMALITÉS DE TRANSCRIPTION.

Expéditions des procès-verbaux d'adjudication sus-énoncés ont été transcrites aux bureaux des hypothèques de la situation des immeubles, savoir :

Au bureau de Mantes le 24 décembre 1878, vol. 845, n° 608, avec inscriptions d'office du même jour, vol. 491, nos 2086 et 2087, contre les adjudicataires ;

Au 1er bureau de la Seine le 13 janvier 1879, vol. 4267, n° 20, avec inscription d'office vol. 236, n° 52,

Au 3e bureau de la Seine le 3 février 1879, vol. 3374, n° 237.

Des états levés sur ces diverses transcriptions il résulte que les seules inscriptions délivrées sont, outre les inscriptions d'office prises au profit des vendeurs Morisot, les suivantes :

Bureau de Mantes :

1re du 25 mai 1869, vol. 392, n° 990, au profit de Barré, pour sûreté du montant de l'ouverture de crédit analysée sous le § 1er de l'exposé ;

2° du 28 août 1877, vol. 483, n° 1377, comme complément de la précédente et pour les mêmes causes.

1er bureau de Paris :

1re du 23 juillet 1877, vol. 1268, n° 42, au profit de Barré ;
2° du 28 août 1877, vol. 1270, n° 19, au profit de Barré ;

3e bureau de Paris :

Du 11 décembre 1877, vol. 767, n° 16, au profit de Barré.

Le tout contre les époux Charles-Théophile Morisot, et pour sûreté de ladite ouverture de crédit.

MM. Billiette, adjudicataire du 17 décembre 1878, et Thiriet, adjudicataire du 10 novembre 1878, ont fait au seul créancier hypothécaire Barré, et dans le but de faire courir les délais de surenchère, les notifications prescrites par les articles 2183 et 2185 du code civil, ainsi qu'il résulte d'exploits délivrés par Hébert, huissier à Magny, et Lemaire, huissier à Paris, les 24 septembre et 12 décembre 1879.

Par suite de ces notifications et du défaut de surenchère pendant les délais légaux les prix d'adjudication sont devenus définitifs.

VII. — Liquidation. Intervention de Mme veuve Decq. Homologation.

Me Chastelais, notaire, commis a procédé à la liquidation des dites communauté et succession entre les héritiers et légataires Morisot, sus-nommés, suivant état dressé par lui le 24 janvier 1879, approuvé par les héritiers et légataires, suivant procès-verbal dressé par Me Lalande, successeur dudit Me Chastelais, le 8 février 1879.

Les héritiers Morisot ont fait sommation :

1° A Barré, créancier hypothécaire opposant ;

2° A Mme Louise Marguerite-Joséphine Maillet, rentière, demeurant à Paris, rue de la Santé, n° 29, veuve de M. Jean-Louis Decq, créancière chirographaire, ayant formé, le 18 décembre 1878, opposition auxdites opérations de liquidation et partage ;

D'avoir à se présenter en l'étude de M⁰ Lalande pour y prendre connaissance dudit état liquidatif.

Barré ne s'y étant pas présenté au jour indiqué, défaut a été prononcé contre lui suivant procès-verbal de M⁰ Lalande, en date du 27 février 1879 ;

Mᵐᵉ veuve Decq a formulé ses contestations sur l'état liquidatif suivant procès-verbal dudit M⁰ Lalande, en date du 28 mars 1879.

L'état liquidatif, ensemble tous les procès-verbaux d'approbation, de défaut et de contestation sus-datés, furent portés devant le Tribunal civil de Mantes à la requête des héritiers et légataires Morisot qui demandaient l'homologation de la liquidation.

Le tribunal de Mantes a statué par jugement du 23 août 1879, dont appel a été relevé à la fois :

Par M. Charles-Théophile Morisot ;
Et par Barré.

Nous indiquerons dans le chapitre suivant, réservé à l'examen des faits de la cause, les bases sur lesquelles on devait procéder, et les faits saillants qui résultent de l'inventaire ou de la liquidation Morisot.

Nous nous bornons à faire ressortir ici en passant que la masse des immeubles de la succession de Mᵐᵉ veuve Morisot a produit en chiffres ronds............................ 120.000 fr. »»

Que M. Charles-Théophile Morisot, débiteur de Barré, devait en recueillir la moitié ou........ 60.000 fr. »»

Et que d'après les errements du tribunal de Mantes, Barré, qui est aux droits de son débiteur, n'est appelé à recevoir sur ces prix d'immeubles que............................ 19.645 fr. 83

D'où vient cette énorme différence au préjudice de Barré, c'est ce que nous allons rechercher.

CHAPITRE DEUXIÈME.

EXAMEN DES FAITS ET DE LA LIQUIDATION.

I. — Qualités et droits des parties.

La succession de Mme veuve Morisot est recueillie par ses deux fils :

1° L'aîné, M. Nicolas-Jean Morisot (décédé au cours de l'instance), réprésenté actuellement par sa veuve et ses deux enfants ;

2° Le cadet, M. Charles-Théophile Morisot.

Les droits de chacun sont absolument égaux de par leurs qualités héréditaires, et les documents de l'espèce établissent d'ailleurs que cette égalité n'a jamais été détruite, les deux fils ayant reçu, en toutes circonstances, pareils sommes et avantages de leur auteur.

De la sorte, l'opération doit se borner à constituer avec les valeurs de la succession deux lots d'attributions absolument *égaux* et *identiques :*

Égaux, c'est le droit commun qui le veut ;

Identiques, c'est la situation particulière de M. Charles-Théophile Morisot qui impose cette nécessité.

En effet, du chef de cet héritier, plusieurs intérêts rivaux sont en présence :

1° Son fils Paul-Nicolas (petit-fils de la défunte) est institué légataire en nue-propriété de la quotité disponible du lot de son père ;

2° M. Charles-Théophile Morisot et Mme Eléonore Decq, sa femme, sont institués légataires de cette même quotité disponible en usufruit ;

3° Un créancier hypothécaire, le sieur Barré, se présente et réclame pour le paiement de sa créance (liquidée, on l'a vu plus haut, à 73,072 fr. 15 c. au 31 décembre 1878) l'attribution de tout ce que la succession peut donner d'immeubles à son débiteur ;

4° Enfin survient à la dernière heure, en opposition au créancier hypothécaire, une dame veuve Decq, créancière chirographaire, qui réclame le paiement de sa créance sur les valeurs mobilières que son débiteur doit recueillir dans la succession à liquider,

L'intérêt de Barré serait que son débiteur recueillît le plus d'immeubles possible.

L'intérêt de Mme veuve Decq, au contraire, serait que le lot de son débiteur fût tout entier composé de valeurs mobilières.

Mais à côté et au-dessus de ces deux intérêts, il y a le droit, il y a l'équité.

Or, la succession de Mme veuve Morisot étant mixte, c'est-à-dire composée de meubles et d'immeubles, il est évident que la seule manière de donner satisfaction à ces deux intérêts rivaux, dans la mesure du droit et de l'équité, consistera à apportionner leur débiteur commun dans la succession à partager, en meubles et en immeubles, en proportion de ses droits virils dans chaque masse de biens. C'est, du reste, le vœu de l'article 832 du Code civil.

Donc, premier objectif à atteindre :

Composer le lot de Charles-Théophile Morisot :

Mobilièrement, de la moitié des valeurs mobilières de la succession ;

Immobilièrement, de la moitié des valeurs immobilières.

Des attributions qui détruiraient cet équilibre seraient justement critiquées par le créancier lésé :

Si l'on donne trop d'immeubles, on fait échec au créancier chirographaire ;

Si trop de valeurs mobilières, on met en péril le droit hypothécaire de Barré.

Cela posé, la succession à liquider comporte (voir le tableau) :

En valeurs mobilières, telles qu'elles sont relevées dans l'état liquidatif......................... 63.779 f. 16

En prix d'immeubles..... 119.335 f. 54

Nous devons donc trouver dans l'attribution de Charles-Théophile Marisot (la moitié) : 1/2 1/2

En meubles......... 31.889 58

En immeubles 59.667 77

Et comme la défunte (ce qui était son droit) a légué la quotité disponible de ce lot à son petit-fils Paul Morisot, soit un tiers.................... 1/3 1/3 19.889 29 10.629 86

La réserve devra donc être :

En meubles, de...... 21.259 72

En immeubles, de... 39.778 52

Voilà, dans ses éléments constitutifs simplifiés, toute la liquidation Morisot.

II. — Liquidation par le notaire commis.

Voyons comment le notaire a opéré.

Tout d'abord, nous constatons qu'il n'a pas distingué les valeurs de la masse en mobilière et immobilière, ce qui était commandé pourtant par le conflit des deux créanciers opposants.

Par suite, les attributions, soit pour legs particulier, soit pour legs de la quotité disponible, soit pour la réserve, ont été faites un peu au hasard et sans souci de maintenir sur tous points l'équilibre obligé entre les deux sortes de biens.

C'est ainsi que Barré a été amené à critiquer la composition des abandonnements faits à son débiteur pour le couvrir de ses droits dans les valeurs immobilières.

La réserve immobilière, on l'a vu plus haut, devait être de 39,778 52

Or, le lot d'attribution réservataire de Charles-Théophile Morisot ne comprend, en immeubles, que :

Articles 14 et 27. Prix Poittevin.	7,607 46	
Article 15. Prix Hue.........	3,504 05	
Article 16. Prix Brulé........	1,070 31	
Article 19. Prix Chéron	482 76	
Article 21. Sur prix Billiette...	17,400 »	
Article 22. Sur prix de Vitry...	1,220 82	
Total	31,281 80	31,281 80

D'où une différence, au préjudice de Barré, de   8,496 72

Sans doute, au point de vue des deux fils héritiers, les abandonnements proposés par le notaire arrivent à constituer l'égalité des chiffres dans le partage.

Car la masse à partager étant de......... 183,114 705

Après paiement du legs particulier, qui est de .... 21,344 43 ⎫
Et du passif............. 2,414 39 ⎭ 23,758 82

Il reste net............. 159,355 885

qu'il attribue, savoir :

A M. Morisot aîné, pour..... 79,677 93 ⎫
Et à Morisot jeune :   ⎪
Sous forme de   ⎪
réserve........ 53,474 37 ⎫   ⎬ Egalité.
Sous forme de   ⎬ 79,677 93 ⎪
quotité disponible 26,203 58 ⎭   ⎭

Mais si nous trouvons l'égalité des chiffres nous ne voyons pas que le partage soit fait en conformité des principes de l'article 832 du Code civil, puisque nous ne rencontrons pas *l'identité* des valeurs attribuées à chacun des ayant-droit, et que, spécialement, comme nous venons de l'établir, M. Charles-Théophile Morisot n'a pas son contingent d'immeubles.

Or, il ne suffit pas de liquider, au point de vue seulement des héritiers, il faut aussi tenir compte de l'intérêt des créanciers opposants.

C'est ce qui n'a pas eu lieu.

Ce résultat défectueux provient des calculs erronés que le notaire a cru opportun d'établir pour répartir entre les meubles et les immeubles l'acquit du legs particulier de M. Paul Morisot.

Le tribunal de Mantes ayant ordonné la suppression de cette partie de la liquidation comme inutile, nous renvoyons à l'Etat liquidatif et aux considérants du jugement dont est appel pour l'examen et la condamnation du système du notaire liquidateur.

III. — Système Barré.

Barré, tout en faisant ressortir que le travail du notaire commis était défectueux, a essayé d'établir comment il aurait dû être fait, pour reconstituer *l'identité* des valeurs qui doivent entrer dans chaque lot.

A cette fin, il a joint à l'appui de ses conclusions un tableau synoptique indiquant le système rationnel d'abandonnements qui aurait dû être suivi, et en vertu duquel il serait donné à chacun des deux frères Morisot (voir tableau, teinte rouge).

En valeurs mobilières (comprenant des rapports de valeurs sur eux-mêmes), même chiffre de............ 50,969 59

En valeurs immobilières, même chiffre de.. 59,667 77

Et ensuite, subdivisant le lot des valeurs immobilières attribuées à son débiteur, en deux parties similaires, il affecte :

Deux tiers à la réserve, soit............... 39,778 52
Un tiers à la quotité disponible, soit........ 19,889 25

Le partage, ainsi opéré, lui paraissait devoir être inattaquable :

De la part de M. Charles-Théophile Morisot, puisqu'il recevait autant que son frère dans toute nature de valeurs ;

De la part de M. Paul Morisot, puisque son droit, qui est une délibation et une quote-part du droit de son père, se trouvait rempli en parts aliquotes de toutes les valeurs, sans distinction, qui composent le lot de son père ;

De la part de Mme veuve Decq, créancière chirographaire, puisque ce système maintient à son débiteur *tout l'émolument mobilier* qu'il est fondé de prétendre, et que partant il ne cause aucun préjudice à la masse chirographaire ;

Cependant le système de Barré, malgré sa simplicité et son évidente équité, souleva les critiques de ses adversaires, et plus spécialement de Mme veuve Decq.

Cette dame imagina un troisième système d'abandonnements qu'il est intéressant d'examiner, puisque le tribunal de Mantes, tout en en répudiant les motifs, en a consacré les conséquences.

IV. — Système de Mme Decq.

Le voici, tel qu'il est formulé dans ses conclusions :

« Le notaire liquidateur a attribué à tort à la branche Morisot
« aîné les prix de licitation dûs par Mme veuve Morisot-Fleury,
« et à Charles-Théophile Morisot tous les prix dûs par des tiers,

« Ce mode a pour conséquence de favoriser les créanciers hypo-
« thécaires de son gendre, au préjudice des créanciers chirogra-
« graphaires. Les attributions doivent être faites à chaque fils hé-
« ritier par moitié sur chaque prix d'immeuble. »

2.

Ce système, s'il a le tort de n'être pas juridique, a du moins l'avantage d'être très simple. Et, de plus, il a un caractère spécieux qui en impose à première vue. Mais, en y regardant de près, on voit qu'il est l'exagération et l'application à faux du principe posé par l'article 832 du code civil. La loi prescrit, il est vrai, de faire entrer dans chaque lot, s'il se peut, autant de meubles et d'immeubles, de droits ou de créances de même nature et valeur. Mais elle n'a pas prescrit de partager chaque valeur successorale entre tous les héritiers, ce qui eût été souvent impossible. Cela est si vrai que ce même article recommande d'éviter le morcellement des héritages et la division des exploitations. Le système de Mme Decq conduit tout droit à cette division et à ce morcellement que le législateur a voulu éviter. Il doit donc être rejeté.

V. — Système du Tribunal de Mantes.

Ce système est formulé par le tribunal dans deux des considérants de son jugement, applicables aux attributions immobilières que nous allons reproduire *in extenso*, car c'est sur ce point que porte la plus grande partie de notre discussion :

Sixièmement :

En ce qui concerne les attributions faites par l'état de liquidation à Charles-Théophile Morisot, pour le remplir de sa réserve en toute propriété :

Attendu que Barré demande la modification de ces abandonnements de manière à ce que son débiteur ait dans sa part les deux tiers de la moitié du prix des immeubles dépendant de cette succession, *soit le tiers du total de ces prix ;*

Attendu que pour ne pas nuire aux droits hypothécaires de Barré il est nécessaire d'attribuer, en effet, à son débiteur la moitié (moins un tiers de cette moitié), *soit un tiers en définitif* du prix des biens immeubles de ladite succession ;

« Mais que pour sauvegarder les droits de la veuve Decq, les abandonnements doivent avoir lieu non sur quelques-uns des prix, *mais bien pour un tiers dans chaque prix.*

SEPTIÈMEMENT :

Attendu, par les motifs déduits sous le numéro qui précède, que Barré n'est pas fondé à soutenir que Charles-Théophile Morisot ne doit pas avoir une part dans le prix dû par M\u1d50ᵉ Morisot-Fleury ;

Que celle-ci et les héritiers de son mari ne sont pas non plus fondés à prétendre que le prix de licitation dû par ladite dame doit être compris dans leurs attributions.

Que la dame Decq n'est pas de son côté fondée à demander l'attribution en faveur de Charles-Théophile Morisot, de la moitié du prix dû par ladite dame Morisot-Fleury.

Après ces considérants vient la partie du dispositif qui y est relative :

« Dit que par le ministère de Mᵉ Lalandé, successeur de Mᵉ Chas-« telais, que le tribunal commet à cet effet, les abandonnements « proposés seront modifiés en ce sens qu'il sera attribué à Charles-« Théophile Morisot en déduction de ses droits en toute propriété « dans la succession de sa mère le tiers de chacun des prix d'im-« meubles dûs à cette succession.

« Ordonne que tous les autres abandonnements seront modifiés « dans le sens nécessaire pour satisfaire aux prescriptions qui pré-« cèdent.

« Fait attribution à Barré en déduction de sa créance : 1° de la « moitié revenant à Charles-Théophile Morisot, dans les valeurs « attribuées à la succession de son père par ledit état de liquidation ; « 2° Des portions de prix qui seront comprises dans l'attribution « qui sera faite en toute propriété à Charles-Théophile Morisot, en « déduction de ses droits dans la succession de sa mère, *sauf la* « *portion qui sera à prendre dans le prix dû par* M\u1d50ᵉ *Morisot-*« *Fleury.* »

CHAPITRE TROISIÈME.

DISCUSSION.

1° Position de la question.

En résumé, quatre parties sont en cause :

1° Les représentants Morisot aîné, qui demandent que le prix de licitation dû par Mme veuve Morisot-Fleury, l'un d'eux, soit attribué à leur branche ;

2° Charles-Théophile Morisot qui, à l'origine, demandait la même chose ou du moins l'a acceptée. (Voir procès-verbal d'approbation devant le notaire, 8 février 1879.)

3° Barré, créancier hypothécaire, qui demande la même chose, sauf une légère variante de 730 28 ;

4° Mme veuve Decq, créancière chirographaire, qui demande que Charles-Théophile Morisot soit attributaire de la moitié du prix de licitation veuve Morisot-Fleury.

Voilà des demandes très-nettes, précises et explicites, formulées par des parties majeures et maîtresses de leurs droits, auxquelles il faudra répondre par oui ou par non. Et le tribunal, qui a mission de statuer sur ces demandes, doit les accueillir ou les rejeter. Mais ce qu'il ne peut faire, c'est de se substituer aux parties pour créer d'office un système à part qui ne lui était pas demandé ; c'est, en un mot, de juger, sinon précisément *ultra petita*, du moins *extra petita*.

S'il n'a pas été au delà, il a été à côté, ce qui revient au même, nous allons le démontrer.

Morisot aîné, Morisot jeune, Barré, et avant eux le notaire commis, trouvaient tout naturel d'attribuer à l'héritier acquéreur co-licitant le montant de son prix. On a procédé ainsi; tous demandent le maintien de cette partie de la liquidation. Mais le tribunal leur répond :

Barré n'est pas fondé ;

Les représentants Morisot-Fleury ne sont pas fondés ;

Le Tribunal a négligé de dire pourquoi, et sur quel texte de loi il basait sa décision.

De ce chef donc absence de motifs.

En tous cas, ce système étant rejeté, il restait à adopter le second, celui de Mme Decq.

Mais pas le moins du monde. Le Tribunal la déclare, elle aussi, mal fondée.

Les solutions indiquées par les parties étant mises à néant, on ne voit pas trop celle que le tribunal pouvait donner.

Il a cru trancher heureusement la difficulté en trouvant un équipollent qu'il substitue au système des intéressés, mais qui, en définitive, n'est autre chose que le système de Mme Decq sous une autre forme et aboutit au même résultat. Car s'il n'attribue pas à Charles-Théophile Morisot la moitié de tous les prix, ce que Mme Decq a demandé *sans droit*, d'après le Tribunal, il lui attribue pour sa réserve le tiers de tous les prix d'immeubles, ce qui, pour Barré, revient absolument au même et lui cause le même préjudice. Il est évident que le tiers de l'entier proposé par le Tribunal est la même chose que les deux tiers de la moitié demandés par Mme Decq.

D'après Mme Decq, la moitié du prix Morisot-Fleury devrait être attribuée à Charles-Théophile Morisot, soit en chiffres ronds............................... 30.000 fr.

Les deux tiers pour la réserve seraient de. 20.000 fr.

D'après le tribunal de Mantes, la réserve du même héritier devra être du tiers du prix total, soit le tiers de 60.000 fr............................... 20.000 fr.

Le premier résultat est une erreur juridique, d'après le Tribunal.

Le second est la vérité :

Pourquoi et comment, c'est ce que nous essayons en vain de découvrir. Mais comme les résultats sont absolument identiques, nous jugeons le second système aussi défectueux que le premier et il doit être écarté pour les mêmes raisons.

Ajoutons que tous ces calculs, si ingénieux qu'ils soient, pour déterminer à *priori* le droit de Barré dans les immeubles de son débiteur, ont le tort de déplacer la question, et, comme nous le disions au début, de juger à côté.

De quoi s'agissait-il, en effet?

D'abord de partager la succession de Mme veuve Morisot entre ses deux fils héritiers en deux lots égaux et similaires.

Voilà l'opération primordiale.

Ensuite de faire sur le lot échu à Charles-Théophile Morisot tous les démembrements nécessaires pour satisfaire dans la mesure de leurs droits respectifs :

Les légataires à titre universel de la quotité disponible;

Les créanciers hypothécaires;

Les créanciers chirographaires.

Voilà l'opération secondaire.

C'est dans ce sens que Barré a conclu, et il ne pouvait demander ni plus ni autrement.

Porteur d'un titre exécutoire, mais arrêté au seuil de l'exécution devant une masse indivise par l'article 2205 du Code civil, il dut se borner à profiter des dispositions de l'article 882, et il intervint à la demande en partage afin d'en surveiller les opérations et d'empêcher que le lot de son débiteur fût composé au préjudice de ses droits.

Mais encore une fois Barré, qui n'a aucun moyen d'action sur la masse (l'article 2205 le lui défendant) peut trouver étrange que le Tribunal, au lieu de procéder tout d'abord au partage demandé, selon les règles et principes de la matière, pour déterminer le lot de Charles-Théophile Morisot, se livre à des calculs ayant pour objet de déterminer *à priori* le droit du créancier hypothécaire sur la masse. Il faut bien reconnaître que cette manière de procéder ne correspond ni au droit ni à la demande de Barré. Son droit, c'est d'appréhender la totalité de l'émolument immobilier que recueillera son débiteur : sa demande, c'est de dégager, au moyen d'un partage préalable, cet émolument qui est son gage.

Concluons donc qu'au lieu de dire à Barré : Vous aurez le tiers de tous les prix d'immeubles de la masse de la succession, le tribunal aurait dû :

D'abord déterminer comment devait être composé le lot de Charles-Théophile Morisot, en meubles et immeubles;

Ensuite décomposer ce tout :

EN RÉSERVE, qui appartiendrait aux créanciers selon la nature de leurs titres ;

EN QUOTITÉ DISPONIBLE, qui reviendrait aux légataires.

Les bases ainsi posées, il s'agit de passer à l'exécution en procédant d'après les principes de la matière.

II. — Application de l'article 883. Licitation. Conséquences.

Avant de passer à l'examen des abandonnements nous avons à fixer les idées sur les principes et les conséquences contenues dans l'article 883 du Code civil, ainsi conçu :

Chaque héritier est censé avoir succédé seul et immédiatement à tous les effets compris dans son lot ou à lui échus sur licitation et n'avoir jamais eu la propriété des autres effets de la succession.

Ainsi, deux opérations sont visées dans cet article :

1° Le partage ;

2° La licitation ;

Toutes les deux produisent les mêmes effets.

En cas de licitation au profit d'un héritier, trois hypothèses peuvent se présenter :

Ou l'héritier a acquis des immeubles pour une somme inférieure à ses droits ;

Ou pour une somme égale à ses droits ;

Ou pour une somme supérieure.

Dans le premier cas, l'article 883 ordonnant impérativement que le bien licité serve à apportionner d'autant l'héritier acquéreur, son lot sera complété, pour ce qui lui manquera, par les autres effets de la succession.

Dans le second cas, étant payé par le prix des immeubles achetés et n'ayant rien de plus à exiger, les autres effets de la succession seront forcément la propriété de ses co-héritiers.

Dans le troisième cas, l'héritier acquéreur aura dans son lot les immeubles par lui acquis, à la charge par lui de laisser d'abord à ses co-héritiers toutes les autres valeurs de la succession, ensuite de leur payer, à titre de soulte, tout ce qui, sur son prix, excède sa part héréditaire.

Voilà pour l'héritier acquéreur les conséquences de l'article 883.

Pour les autres héritiers et pour les tiers, qui sont leurs ayant-cause, les conséquences sont manifestement la contre-partie des précédentes, à savoir :

1° Les immeubles achetés par le co-héritier étant censés lui avoir toujours appartenu comme continuateur du défunt sans interruption, les autres héritiers n'ont jamais eu droit à la propriété de ces immeubles, et par suite leurs créanciers hypothécaires ne sauraient les atteindre : l'hypothèque s'est évanouie ;

2° Mais par voie de réciprocité l'héritier acquéreur co-licitant étant censé n'avoir jamais eu la *propriété des autres effets de la succession*, il suit que ces effets appartiennent nécessairement aux autres héritiers et tombent conséquemment sous la main de leurs créanciers.

Ces deux propositions s'enchaînent et se tiennent nécessairement ; elles sont corrélatives et inséparables, et si la première produit des conséquences avantageuses pour l'héritier co-licitant, qu'elle affranchit de toute discussion avec les créanciers personnels de ses co-héritiers ; la seconde, à son tour, profite aux co-héritiers et par suite à leurs créanciers.

Dans l'espèce Morisot l'application de ces principes était d'autant plus facile qu'en fait les prix d'acquisition de Mme Morisot-Fleury s'élèvent à 60,000 francs, c'est-à-dire à la moitié de la masse immobilière.

Les effets déclaratifs de l'article 883 s'étant produits pour elle aux dates des 10 novembre et 17 décembre 1878, il en résulte qu'à cette dernière date le partage des immeubles a été virtuellement opéré, et que la branche Morisot aîné s'étant apportionnée à sa convenance, par voie de licitation, de son lot d'immeubles, tous les autres immeubles sont devenus forcément la propriété de M. Charles-Théophile Morisot.

Donc, demander comme Mme Decq et décider, comme le tribunal de Mantes, l'attribution à Charles-Théophile Morisot, d'une partie du prix de licitation Morisot-Fleury, c'est lui donner le prix d'un immeuble dont il n'a jamais été propriétaire, et réciproquement, il en sera de même pour les autres prix dûs par des étrangers que l'on attribue à la branche Morisot-Fleury.

La Cour reconnaîtra qu'il y a, dans des abandonnements ainsi proposés, la violation manifeste des termes et de l'esprit de l'article 883 du Code civil, et, en conséquence, elle ordonnera que les héritiers Morisot aîné seront attributaires du prix de licitation dû par Mme veuve Morisot-Fleury, et que Charles-Théophile Morisot sera attributaire de tous les prix dûs par des étrangers.

Et puis, qu'est-ce qu'un mode de liquider qui ne liquide pas ; qui donne à chaque héritier, dans chaque valeur, la quote-part que déjà il possédait en vertu de la saisine légale. On peut dire qu'après une opération ainsi faite les héritiers ne sont pas plus avancés et sont mis en même état qu'ils étaient au début de l'indivision. En ce cas, point n'était besoin, pour un pareil résultat, de se payer à grand frais le luxe d'une liquidation inutile. Ils auraient pu tout aussi bien, armés de leurs qualités héréditaires, se présenter chez tous les acquéreurs et débiteurs de la succession, pour toucher conjointement la totalité de l'actif et se le distribuer eux-mêmes, sans le concours d'un notaire commis et du tribunal.

En outre, le système adopté par le tribunal produit, pour tous les intéressés, des conséquences telles qu'on doit en bannir l'application.

Examinons ces conséquences au point de vue des trois intérêts principaux qui sont en présence.

PREMIÈREMENT.

Au point de vue des représentants Morisot aîné.

A. Ils auront à payer d'une main comme débiteurs à leur co-héritier, somme égale à celle que de l'autre main, comme attributaires, ils auront à recevoir des acquéreurs étrangers. Donc ils vont se trouver sans raison, comme sans nécessité, impliqués dans des recouvrements qui, en somme, ne doivent pas leur profiter, et dont ils subiront les vicissitudes.

D'une part, on leur impose ainsi des dérangements inutiles pour aller régler des comptes chez les notaires et recevoir les prix des acquéreurs à Magny, à Vitry et à Paris.

D'autre part, si ces acquéreurs ne sont pas exacts et apportent quelque retard à se libérer, les héritiers-acquéreurs seront exposés aux poursuites de Charles-Théophile Morisot, ou plutôt de ses créanciers, à moins qu'ils ne paient de leurs deniers ce qui manquera aux recouvrements en retard.

B. Ils seront grevés des frais de quittance sur la moitié de leurs prix attribuée à Charles-Théophile Morisot, au lieu que, compensant en eux-mêmes par une attribution toute naturelle, ils n'avaient aucun frais de libération à supporter.

C. Ils auront à payer les frais d'inscription de privilège à prendre, en vertu de l'article 2,109 du Code civil et le coût des mains-levées succcessives, qui devront être données au fur et à mesure des recouvrements partiels effectués à Magny, à Vitry et à Paris.

Que de complications et de frais inutiles ! !

DEUXIÈMEMENT.

Au point de vue de Charles-Théophile Morisot.

En échange, et comme équivalent de prix d'immeubles dû par des étrangers, il reçoit la moitié du prix dû par son co-héritier.

Mais la Cour ne pensera pas, comme le Tribunal, que ce virement soit sans danger, et elle jugera qu'il serait impru- dent de le prescrire.

En effet, les tiers-acquéreurs sont tenus de faire transcrire leurs contrats d'acquisition et l'inscription, prise d'office par le conservateur, garantit le recouvrement du prix au moyen du privilége et de l'action résolutoire attachés à cette ins- cription.

Mais contre le co-licitant il n'existe pas d'action résolu- toire. Il n'y a pas non plus l'inscription d'office puisqu'il est dispensé de transcrire. Et alors, recevant son immeuble af- franchi de toutes charges et droits réels, il peut en disposer à son gré. Or s'il l'a vendu ou grévé d'inscriptions nouvelles de son chef dans l'intervalle qui s'écoule entre l'adjudication et l'exécution de la liquidation ; si, en un mot, il est devenu insolvable ! Voilà, dans notre espèce, M. Charles-Théophile Morisot obligé de subir le risque éventuel de l'insolvabilité de son co-héritier, et cependant son co-héritier touchera la moitié des prix dûs par des étrangers !

Mais, dira-t-on, il y a pour garantir les droits de Charles-Théophile Morisot le privilège édicté par l'article 2103 § 3, et par l'article 2109.

Tout d'abord constatons en droit que ce privilège, qui prend naissance à dater du partage, est impuissant à garantir contre les risques possibles qui se placent entre la vente et le partage ; et de fait que dans notre espèce personne, ni avoués, ni notaires, ni parties, ni créanciers, n'a songé à requérir l'inscription de privilège que les procès-verbaux de licitation autorisent, et qui ont semblé à tous une précaution superflue en raison des droits présumés des acquéreurs co-licitants sur leur propre prix d'acquisition.

Et puis eût-on songé à inscrire ce privilège que cette formalité pourrait être illusoire, en cas d'incendie ou de destruction des immeubles (il s'agit de maisons) vendus à M^{mo} Morisot-Fleury.

Il y a là des dangers et des complications qu'il est facile et qu'il importe d'éviter, et à ce point de vue les attributions ordonnées par le tribunal de Mantes devront être réformées.

TROISIÈMEMENT.

Au point de vue de Barré.

Les errements du tribunal de Mantes sont d'autant moins explicables pour Barré, qu'au début de l'affaire il l'avait saisi de ses craintes et des dangers que l'attitude des héritiers paraissait lui faire courir.

Les héritiers, en effet, se fondant sur ce qu'ils étaient majeurs, avaient décidé de vendre à l'amiable pardevant notaires les immeubles de la succession, au mépris de l'opposition de Barré.

Barré craignait que M. Morisot aîné qui en avait d'ailleurs

les moyens ne se rendît acquéreur de la totalité des immeubles de la succession.

Dans cette hypothèse très admissible et même probable, Barré perdait à la fois en vertu de l'article 883 le bénéfice de son inscription hypothécaire et le droit de surenchère.

Une instance fut donc engagée par Barré aux deux fins suivantes :

1° Obtenir le partage en nature, s'il était possible ;

2° Sinon, obtenir que la licitation aurait lieu avec formalités de justice.

La première solution maintenait intact son droit d'hypothèque ;

La seconde lui restituait le droit de surenchère.

Le tribunal statua sur ses demandes par un premier jugement du 7 décembre 1877 qui nomme des experts pour visiter les immeubles, et par un deuxième jugement du 30 août 1878 qui ordonne la licitation des immeubles.

Après la licitation, qui eut lieu à sa requête et en sa présence, Barré ayant constaté que les acquisitions de M. Morisot aîné ne montaient qu'à 60,000 fr., c'est-à-dire à moitié du prix total des immeubles, estima que la surenchère était pour lui sans intérêt. Il supposait (comment en effet imaginer le contraire), que le prix des autres immeubles serait nécessairement attribué à son débiteur, grevé de son droit d'hypothèque.

Et voilà que contrairement à tous les usages du notariat, à toutes les règles du droit et de l'équité une attribution factice amoindrit son hypothèque et met son titre presque à néant !

Mais alors à quoi bon les articles 2124 et 2130 du Code civil, qui autorisent l'hypothèque conventionnelle sur biens présents et à venir ; à quoi bon l'article 882, qui semble armer le créancier contre son débiteur et les autres créanciers pour toutes les opérations du partage ?

Sans doute, l'hypothèque conférée à Barré est gênante pour les autres créanciers ; sans doute, elle lui assure un rang privilégié. Mais qu'y faire? C'était à Mme Decq à se procurer de pareils avantages, et faute par elle de l'avoir fait, on ne peut que la plaindre : mais on ne saurait lui reconnaître le droit d'entraver ou amoindrir l'exercice du droit de Barré, créancier hypothécaire, sous prétexte qu'il fait tort à Mme Decq, créancière chirographaire.

Nous pensons donc, et la Cour pensera avec nous, que la solution donnée par les premiers juges est mauvaise, en ce qu'elle compromet gratuitement et sans raison juridique le droit d'un créancier sérieux, avéré et judiciairement reconnu.

III. — Tardivité et irrecevabilité de l'intervention de Mme Decq. Son défaut d'intérêt.

Il nous reste à discuter maintenant l'intervention de Mme veuve Decq.

Tout d'abord nous soutenons que cette intervention a été tardive.

Son opposition à partage a été faite le 18 décembre 1878.

Or, à cette date, le partage immobilier était virtuellement consommé entre les deux héritiers Morisot; puisque par l'effet déclaratif des licitations du 10 novembre 1878 et 17 décembre 1878 la branche Morisot aîné s'était attribué son lot d'immeubles, et par là même avait consacré impli- citement l'attribution des autres immeubles au profit de M. Charles-Théophile Morisot, co-héritier. Il est donc trop tard, et Mme Decq ne doit plus être recevable le 18 dé- cembre, à intervenir dans une opération consommée le 17.

Mais, dira-t-on, les effets de la licitation sont subordonnés au partage ultérieur, et jusque là restent suspendus.

Voici la réponse que fait sur ce point M. Demolombe, tome V, succession, n° 271 bis.

Nous pensons même aussi que l'on doit décider que c'est, *de suite après l'adjudication*, que la licitation produit en ce qui con-

cerne le bien licité, l'effet déclaratif que l'article 883 lui attribue ;
car cet article ne subordonne en aucune manière cet effet à la con-
dition que la liquidation générale soit déjà faite, et que les autres
biens héréditaires soient partagés en même temps.

Par application de cette doctrine Barré soutient que le
partage ultérieur est tout indiqué et devra se borner à con-
sacrer les conséquences inéluctables de la licitation, c'est-
à-dire attribuer à la branche Morisot aîné tout son contingent immobilier sur son prix, et attribuer à Charles-Théophile
Morisot tous les autres prix d'immeubles, sauf, s'ils sont
insuffisants (et c'est le cas dans l'espèce), à compléter son
attribution sur l'excédant du prix Morisot-Fleury.

Et d'ailleurs il y a, dans l'espèce, deux considérations de
fait qui militent en faveur du créancier hypothécaire :

La première c'est que ce créancier a été déclaré, au cours
des débats, déchu de son droit aux valeurs mobilières revenant à son débiteur, qui lui oppose le bénéfice de son
concordat : mais alors, c'est bien le moins que, restreint à
la portion congrue sur les immeubles, il la reçoive toute
entière et ne la voie pas entamée par des créanciers chirographaires.

La deuxième c'est que Mme veuve Decq n'est créancière
que de 12,000 francs environ et qu'elle trouve dans la
réserve mobilière de son débiteur, qui monte à plus de
20,000 francs, de quoi se payer intégralement.

Donc pas d'intérêt, pas d'action; et à ce point de vue
encore elle doit être déclarée non recevable à l'égard de
Barré.

Que si Mme Decq allègue que peut-être d'autres créanciers
surgiront ultérieurement pour prendre part à la contribution
ouverte sur son débiteur, nous lui répondrons qu'elle n'a
pas mission de prendre la défense des intérêts d'autrui,
qu'il faut prendre les choses en l'état, et qu'enfin rien ne
s'oppose à ce que, à l'exemple de Barré, elle demande
d'ores et déjà à son profit délégation à concurrence de sa

créance à prendre sur les attributions mobilières de son débiteur.

Cette considération, tirée du défaut d'intérêt, suffit à elle seule pour écarter toutes les demandes de Mme Decq et la Cour décidera à bon droit :

Que c'est à tort que les premiers juges ont, sur la demande de Mme veuve Decq, diminué gratuitement et sans nécessité, le gage immobilier du créancier hypothécaire Barré, qui, même en touchant tous les prix revenant d'après son système à son débiteur, restera encore créancier d'environ 20,000 francs.

Que c'est à tort aussi que les premiers juges ont augmenté de 20,132 fr. 68 cent. aux dépens des immeubles, l'attribution prétendue mobilière de Charles-Théophile Morisot, attendu que cette augmentation, faite dans l'intérêt de Mme veuve Decq, ne lui profitera pas, puisqu'elle est surabondamment payée par les premiers abandonnements, mais profitera uniquement au débiteur Charles-Théophile Morisot, qui (résultat peu moral), touchera cette augmentation aux dépens et au préjudice de Barré, son créancier désarmé par l'effet du concordat.

Sans vouloir discuter au fond la créance de Mme Decq, il est permis à Barré de se mettre en défiance contre une intervention qui se produit à la dernière heure. Belle-mère de M. Charles-Théophile Morisot, elle a certainement été informée du décès de Mme veuve Morisot en temps utile, et on peut, à juste titre, s'étonner qu'elle ait autant tardé à se mettre en mouvement pour sauvegarder ses droits.

On s'étonne aussi de la mollesse de ses critiques sur une liquidation qui, dans bien des endroits, trahit des dissimulations et des réticences. Et si Barré s'est vu interdire toutes recherches et toutes preuves à cet égard, puisqu'il a été déclaré sans droit sur les meubles de la succession, il n'en était pas de même de Mme veuve Decq, qui pouvait reprendre à son compte les articulations de Barré. Elle s'est bien gardée de le faire. Nous laisserons à qui de droit le soin d'apprécier son inaction à cet égard intentionnelle et de décider si elle ne doit pas être soupçonnée de faire le jeu de son gendre et de sa belle-fille, uniquement pour faire échec à Barré.

Quoiqu'il en soit, son intervention tardive ne doit pas avoir pour résultat de mettre sans nécessité en péril le droit de Barré, et celui-ci estime que la liquidation, déjà préjudiciable à ses intérêts dans sa première forme, puisqu'elle lui faisait perdre, sans motifs juridiques, 8,496 fr. 72 c., l'est bien davantage encore avec les errements du tribunal de Mantes, puisqu'ils tendent à lui faire perdre 20,132 fr. 68 c.

IV. — Du droit de préférence de Barré sur la soulte ou le prix de licitation.

Mais ce n'est pas tout.

Il est un point des conclusions de Barré auquel le tribunal de Mantes n'a pas répondu explicitement.

Le voici tel qu'il est formulé dans ses conclusions :

SEPTIÈMEMENT. — Attendu que des principes ci-dessus posés et aussi en se plaçant au point de vue de la satisfaction juridique à donner à tous les intérêts rivaux qui se rattachent aux droits successoraux de M. Charles-Théophile Morisot, il ressort la nécessité de composer son attribution en meubles et immeubles proportionnellement à ses droits virils dans les deux masses ;

Spécialement qu'il convient de lui fournir en attribution immobilière une somme de 59,667 fr. 77 égale à la moitié de la masse immobilière, et que si la masse des prix d'immeubles vendus à des étrangers est insuffisante pour lui faire cette somme, la différence devra lui être complétée sur l'un des prix Morisot-Fleury, assimilé à une soulte immobilière.

Barré posait dans cette partie de ses conclusions un principe qui a bien son importance, surtout en présence de la théorie du tribunal de Mantes. C'est le maintien du droit de

3.

préférence à son profit, comme créancier hypothécaire, sur la partie du prix de licitation Morisot-Fleury (730 fr. 28 c.) qui, excédant les droits de cette branche dans les valeurs immobilières, doit forcément être attribuée à Charles-Théophile Morisot et assimilée à une soulte immobilière.

Sur l'immeuble, Barré a perdu son droit d'hypothèque (art. 883 du code civil); il a perdu aussi le droit de suite et le droit de surenchère;

Mais là se bornent les effets de l'article 883 qui, édicté dans l'intérêt et en vue de l'acquéreur co-licitant, n'a pas entendu déroger au droit commun en ce qui touche les rapports de l'héritier vendeur avec ses créanciers, et les rapports de ces créanciers entre eux.

Cela ressort évidemment des termes de l'article 2103 combiné avec l'article 2109, lesquels attachent un privilège sur immeuble et donnant droit à une inscription privilégiée au profit de l'héritier pour soulte ou retour de lots.

D'où nous devons conclure qu'aux yeux du législateur la soulte a conservé son caractère immobilier, et qu'elle doit appartenir aux créanciers de l'héritier dont le titre est par essence immobilier; ces créanciers, il est vrai, au regard de l'héritier, attributaire de l'immeuble et débiteur soit du prix de licitation, soit de la soulte, auront perdu le bénéfice de leur inscription d'hypothèque sur l'immeuble; mais ils lui substitueront par voie de subrogation sur le prix, le privilège et l'inscription autorisée par les articles 2103 et 2109.

Barré, par application de ce principe, demande que le prix de licitation Morisot-Fleuvy, quel qu'il soit, qui sera attribué à Charles-Théophile Morisot, son débiteur, lui soit attribué comme étant la représentation d'un droit immobilier, et il estime que le tribunal de Mantes, en décidant le contraire, a encore commis une erreur à son préjudice.

Et d'ailleurs, il ne faut pas perdre de vue qu'aux termes de l'acte d'ouverture de crédit dûment signifié aux co-héritiers, il a été fait transport et délégation, au profit de Barré, de *toutes soultes et prix de licitation* à provenir du partage des immeubles affectés à sa garantie ;

C'est par toutes ces raisons que Barré a conclu devant la Cour à ce que subsidiairement et en supposant maintenue l'attribution de 20,132 fr. 68 à Charles-Théophile Morisot, pour sa réserve dans le prix de licitation Morisot-Fleury, cette attribution lui profitât exclusivement, attendu que cette attribution constituant pour son débiteur une valeur de nature immobilière, doit servir à désintéresser le seul créancier qui a droit aux immeubles (1).

RÉSUMÉ. — CONCLUSION.

Pour résumer cette longue discussion, Barré croit avoir établi :

1° Que la licitation du 10 novembre et du 17 décembre 1878, au profit de Mme veuve Morisot-Fleury, a produit à cette date

(1) Voir sur la nature du droit de soulte et de préférence :
  Potier, Cte 99 et 100 ;
  Toullier, T. xii, n° 119 ;
  Duranton, T. xiv, n° 117 ;
  Zacharie, T. iii, § 507, n° 24 ;
  Rodière et Pont, contr. de mar., I. 431 ;
  Troplong, art. 1401, n° 444 ;
  Odier, 2, 89 ;
  Revue critique de législation et de jurisprudence , T. iii, page 807 ;
  Nancy, 3 mars 1837 ;
  Cass., 11 décembre 1850.

son effet déclaratif du droit de propriété de cette branche, et que partant les représentants Morisot aîné doivent être par la liquidation, déclarés attributaires exclusifs sur leur prix de tout ce qui constitue leur part virile dans les prix d'immeubles dépendant de la succession de Mme veuve Morisot ;

2° Que Mme veuve Decq est intervenue tardivement, le 18 décembre 1878, puisque le partage des immeubles était virtue.lement et juridiquement opéré dès le 17 décembre 1878;

3° Que M. Charles-Théophile Morisot doit être attributaire de tous les autres prix d'immeubles et que, dans ces prix les deux tiers qui constituent la réserve légale doivent être attribués à Barré ;

4° Que Charles-Théophile Morisot à qui l'attribution visée au numéro précédent ne suffit pas pour être rempli de son émolument viril dans les immeubles doit recevoir le complément par une attribution de 730 fr. 28 sur le prix de licitation Morisot-Fleury ;

5° Que tout ce qui, dans l'attribution de Charles-Théophile Morisot constituera sa réserve de provenance immobilière devra être appréhendé par Barré, puisque :

Si les prix sont dus par des étrangers il les atteint par son droit d'hypothèque ;

Si les prix sont dus par des colicitants, il les atteint par le privilège spécial de co-partageant résultant des articles 2103 et 2109 qu'il fera valoir aux lieu et place de son débiteur et qu'il substituera à son droit hypothécaire.

En conséquence il persiste dans les conclusions par lui posées devant la Cour dans lesquelles il demande :

1° Que la liquidation de la succession de Mme veuve Morisot et le jugement d'homologation du Tribunal de Mantes du 23 août 1879 soient réformés sur tous les points qu'il indique;

2° Que, les procès-verbaux d'adjudication transcrits et les états sur transcription démontrant que Barré est le seul créancier hypothécaire du chef de Charles-Théophile Morisot, tous les prix d'immeubles composant la réserve de son débiteur lui soient attribués directement par l'arrêt à intervenir, avec pouvoir d'en donner quittance et de faire main-levée du privilège et des inscriptions d'office, pour par lui toucher ces prix des débiteurs à valoir sur sa créance à imputer dans les termes de droit ;

3° Et attendu que l'appel a été nécessité en grande partie par l'intervention de Mme veuve Decq, il demande à la Cour de mettre les frais d'appel soit à la charge de Mme Decq, soit à la charge personnelle de M. Charles-Théophile Morisot, qui sera condamné à les acquitter sur ses attributions mobilières.

BARRÉ.

Beauvais, imprimerie D. PERE, rue Saint-Jean.

TABLEAU SYNOPTIQUE. -- LIQUIDATION DE LA SUCCESSION DE Mme VEUVE MORISOT. -- N° 2.

DÉSIGNATION DES VALEURS	MONTANT DES VALEURS		Système du Notaire liquidateur.		Système BAZU, créancier hypothécaire.		Système du tribunal de bóstes sur les conclusions de Mme Dieu, créancière chirographaire.	

.

www.ingramcontent.com/pod-product-compliance
Lightning Source LLC
Chambersburg PA
CBHW060446210326
41520CB00015B/3863